AF242416

EXAMEN

DES

DEUX PROJETS DE LOI

PRÉSENTÉS PAR LE MINISTRE DE LA MARINE,

LE 28 DÉCEMBRE 1832,

TRAITANT DES DROITS CIVILS ET POLITIQUES DES HOMMES DE COULEUR
ET DU RÉGIME LÉGISLATIF DES COLONIES,

DÉDIÉ A LA COMMISSION COLONIALE

DE LA CHAMBRE DES PAIRS,

Par A. DEL CAMBRE.

PARIS,

IMPRIMERIE DE AUG. MIE, RUE JOQUELET, n° 9.

PLACE DE LA BOURSE.

1833.

EXAMEN

DES

DEUX PROJETS DE LOI

PRÉSENTÉS PAR LE MINISTRE DE LA MARINE,

LE 28 DÉCEMBRE 1832,

TRAITANT DES DROITS CIVILS ET POLITIQUES DES HOMMES DE COULEUR

ET DU RÉGIME LÉGISLATIF DES COLONIES.

En m'attachant, dans ma brochure intitulée : *Quelques mots sur les colonies,* à traiter la question coloniale, sans spécifier de détails, j'ai voulu faire comprendre le principe vital des colonies, et en démontrant les besoins, la position, et le véritable but de nos établissemens d'outre-mer, attaquer le mal dans sa racine, et en détruisant les causes, empêcher les effets.

J'ai dit, que les mœurs, les besoins et les lois des colonies changeaient selon leur position, et le degré de civilisation auquel elles étaient parvenues, je vais m'expliquer :

Une colonie dans sa naissance, dans un état d'enfance, ne pouvant comprendre les bienfaits de la civilisation et les libertés qui en découlent, ne doit prospérer et ne peut s'attacher à la métropole, ni dépendre d'elle, que par *l'introduction* et la *création* de *besoins*, lesquels besoins ne peuvent *être créés*, que par l'introduction de la culture, qui à son tour, produit des habitudes de luxe et de grandeur, qui rendent cette colonie tributaire et esclave de la nation à laquelle elle est soumise. Dans cet état de choses, les lois à proposer et les mesures à adopter, doivent tendre vers ce seul but; et le législateur en consultant l'âge de la colonie, bien plus que son utilité présente, doit écarter toute mesure trop avancée, qui deviendrait contraire à ce développement. Telle est la position du Sénégal.

Le ministre l'a-t-il appréciée dans sa proposition de loi du 28 décembre 1832 ? (1) Non. Les rapports des commissions composées d'habitans en nombre égal d'officiers d'administration, sont-ils des preuves suffisantes pour l'écarter des bienfaits d'une nouvelle loi ? Non encore. La position sociale et les intérêts de ces commissions les portent-ils à repousser toute amélioration ? Oui. La présente loi est-elle applicable à nos établissemens du Sénégal ? Certainement non ; mais aussi, écartant tout préjugé il est d'urgente nécessité de s'occuper

(1) « Le gouvernement du Sénégal a été chargé de sou-
« mettre à une commission composée de nombre égal de
« fontionnaires et d'habitans, une série de questions qui
« toutes ont été résolues à l'unanimité dans le sens de la
« non application de la loi à intervenir. » (*Paroles du
ministre en proposant la loi.)

de lois et de mesures en rapport avec son âge et ses besoins.

Reprenons notre raisonnement :

Lorsqu'une fois les établissemens de culture sont parvenus au plus haut degré dans une colonie, que le luxe et l'industrie y ont acquis un grand développement, la population noire dont le chiffre est bien plus fort que celui des blancs, pour dépendre de la métropole a besoin de nouveaux liens ; son éducation se formant, elle sent sa force et se demande quel intérêt et quel avantage elle trouve dans la dépendance des Européens, qui, en lui apportant la civilisation et ses plaies, veulent la priver de ses avantages. Arrivée à ce point, toute colonie est perdue pour la mère patrie, si par une mesure sage et indispensable, en assurant aux hommes de couleur des droits et des libertés, on ne les rend pas citoyens français et parties intégrantes de la nation. Telle est la vé-

ritable position de l'île Bourbon, de la Guade-
loupe et de la Martinique.

La loi proposée remplit-elle ce but? Certainement non.

Jettons un coup d'œil sur la conduite de
l'Angleterre qui, pour assurer à ses établissemens de l'Inde une grande prospérité, travaille
sourdement à la ruine de nos possessions des
Antilles, en protégeant les désertions d'esclaves.

Les Anglais, pénétrés du principe colonial
que je viens de développer, sentirent que pour
étendre et consolider leur puissance au Benga-
le, pays où le luxe et la civilisation étaient aussi
avancés qu'en Europe, et où des habitans, divisés
par castes et par tribus, avaient des chefs forts
d'une supériorité assise sur des principes re-
ligieux, il fallait un moyen de puissance et de
domination, plus fort que celui des armes; que
firent-ils? Ils donnèrent la liberté en établis-

sant l'égalité devant la loi, et en accordant à tout Indien sous la domination du pavillon britannique, les droits de citoyen anglais, ils enrolèrent les populations dans leur cause, et les rendirent esclaves de la vieille Angleterre.

Nous éclairant de cet exemple, avons-nous intéressé les noirs de nos colonies à la gloire de la mère Patrie? leur intérêt, leur avenir, le besoin de leur propre conservation se rattachent ils aux notres?

Tels sont les principes dont je voudrais pénétrer la commission, et c'est imbu de ces vérités qui constituent l'esprit des colonies, que je hasarderai les observations suivantes sur les deux projets de loi présentés le 28 décembre dernier.

En examinant attentivement les projets de loi précités, on sera convaincu que deux *intentions* bien distinctes ont dirigé l'esprit de leur rédaction.

Dans le premier, ayant pour titre, « exercice des droit civils et politiques : »

En reconnaissant les droits civils et politiques des affranchis, on émet une volonté bien positive, de faire une *concession* à la classe de couleur, et de produire par degré une fusion générale :

Dans le second ayant pour titre « Régime législatif » sous une apparence libérale, on *fait* une autre *concession beaucoup plus grande* aux créoles; et on annulle entièrement les avantages de *la première concession*, en conférant à la classe blanche un pouvoir légal, conséquence naturelle du mode d'élection.

Je n'entrerai pas ici dans la position délicate où se trouve placé le gouvernement entre deux élémens de révolte ; la classe blanche et celle de couleur, il ne m'appartient pas non plus de pénétrer les motifs qui l'ont dirigé ; mais peut-être aussi que trompé par des rapports intéressés ; des résultats contraires à ses intentions bienveillantes pouvant advenir de la présente loi, il appréciera mon zèle pour le bien public.

En effet, la loi telle qu'elle est conçue, semble avoir pour objet d'éluder les améliorations promises dans l'exposé des motifs de sa présentation ; car en donnant aux gouverneurs, et au nouveau conseil appelé à statuer sur les intérêts de la colonie, un pouvoir exhorbitant, on exclut de la représentation coloniale la classe de couleur essentiellement industrielle, pour en conférer l'investiture représentative à la propriété territoriale.

Par le fait de la nomination du conseil colonial, et des pouvoirs qu'on lui attribue, on offre à la classe blanche la possibilité de s'opposer d'une manière légale aux améliorations, que la raison, l'humanité et les progrès de la civilisation peuvent indiquer; et on ravit aux deux classes, qui jusqu'à présent ont été opprimées par elle, tous moyens de représentation dans les griefs qu'elle aurait à alléguer.

Passons à l'examen de quelques articles.

RÉGIME LÉGISLATIF.

TITRE PREMIER.

ART. 6.

« Lorsque le conseil colonial aura *adopté* les projets
« de décrets qui lui auront été présentés, ou que les amen-
« demens qu'il aura proposés auront été *consentis*, le
« *gouverneur* pourra rendre ces décrets *exécutoires* pro-
« visoirement; et ils ne seront définitifs qu'après avoir
« reçu la sanction du roi. »

ART. 7.

« Lorsque le conseil colonial ne *donnera pas* son *as-*
« *sentiment*, ou qu'il proposera des amendemens qui ne
« seront pas *consentis* par le *gouverneur*, le projet ne
« pourra être représenté qu'à la *session suivante*. »

Ainsi, un gouverneur, occupant un emploi transitoire, qui le place dans une position so ciale fausse et délicate (1) pourra, dans ce premier cas exécuter provisoirement des décrets, votés par une majorité évidemment en opposition avec les intérêts des noirs, le cens électoral étant pris dans la propriété ; et dans le second cas, aura la faculté de paraliser et d'ajourner des mesures, dont le retard peut-être pourra causer les plus grandes catastrophes ?

Quelle latitude laissée à une administration peu en rapport avec les besoins du pays ! et cela, sous un climat brûlant, où des têtes exaltées n'attendent que l'étincelle !

ART. 2.

Organisation du conseil colonial.

« Les membres du conseil sont élus pour cinq ans. »

Je pense qu'il y aurait un grave inconvénient à fixer à cinq ans la durée des fonctions des

______

(1) Voir ma brochure ayant pour titre : *Quelques mots sur les colonies.*

membres du conseil : on ne peut pas se dissi-
muler que les commotions politiques qui ont
bouleversé la métropole, n'aient eu leur contre-
coup dans les colonies, et que les discours des
chambres entretenant et propageant des idées
de liberté, dont les progrès sont effrayans, il
pourrait être dangereux d'assurer aux blancs
pendant *les cinq années qui vont suivre*, une
suprématie législative, conséquence naturelle
du mode électoral.

ART. 16.

« Pourra être choisi pour délégué près la métropole
« *tout Français* âgé de trente ans, jouissant des droits
« civils et politiques. »

Le gouvernement veut-il entendre par les
mots *tout Français*, toute personne libre, sans
exception de couleur, soumise à notre pavillon ?
Dans ce cas, ne serait-il pas sage d'ajouter une
phrase qui écartât le doute à ce sujet, et de ne
pas en laisser l'explication aux conseils colo-
niaux, qui n'hésiteraient pas à l'interpréter dé-

favorablement pour les hommes de couleur ?

La loi ne dit pas non plus si les délégués de-
vront être pris parmi les membres du conseil,
ne serait-il pas nécessaire qu'elle s'expliquât?
Des droits bien fixés encouragent les capacités,
et empêchent ces crises, très communes aux
colonies, causées par des froissemens d'amour-
propre et des espérances déçues.

Je ne m'étendrai pas sur les articles 17 et 18
du titre 3, traitant des collèges électoraux et des
éligibles. Les dispositions qui en forment la
base, sont la pierre de touche de la présente loi,
s'il entre dans les intentions du gouvernement
d'augmenter et d'assurer le pouvoir des blancs
(ce qui n'est pas sans danger), jamais mesures
n'auront été plus finement et plus habilement
conçues ; mais si au contraire, sentant les véri-
tables besoins des colonies, on veut attacher la
classe de couleur à la mère patrie, il faut entièrement changer le système du monde électoral
qui est indiqué.

J'exprimerai le désir, de voir figurer dans une loi, dont le but apparent est philantropique, un article consacrant les droits des noirs à l'affranchissement. Par exemple, on pourrait déclarer, que toutes les fois qu'un captif aurait amassé par le fruit de son travail, une somme suffisante pour son rachat, il aurait le droit de se faire déclarer libre.

Cette mesure et d'autres que l'on pourrait indiquer, seraient d'autant plus nécessaires, que si le présent projet de loi est adopté, la classe blanche pour garder la suprématie législative, empêchera autant que possible, l'augmentation du chiffre des électeurs noirs.

Je terminerai, en rappelant l'attention de nos législateurs, sur les rouages et les moyens administratifs employés aux colonies, qui s'ils n'étaient pas modifiés, dans de certaines localités, paralyseraient les intentions bienveillantes d'une nouvelle loi coloniale, et dans d'autres, empêcheraient toute amélioration ; loin de moi l'intention d'attirer le blâme sur l'Administration de la marine, dont plusieurs des principaux chefs, hommes du plus haut mérite, m'honorent de leur amitié! En éclairant l'opinion, j'ai voulu remplir un devoir.

A. DEL CAMBRE.

10 février 1833.